VEGAN BREAD

白砂糖・卵・乳製品
を使わないパンづくり

朝倉みちよ

FOREWORD

Vegan（ヴィーガン）という言葉をご存知でしょうか。

Vegetarian（ベジタリアン・菜食主義者）が由来で、それを短くした造語です。
海外では一般的に知られ、国内でもVeganという言葉は広まりつつあります。
肉類や魚類、卵や牛乳など動物由来の食品を一切とらず、基本的には玄米など穀物、野菜、豆類、海藻類が主な食事の中心です。

パンでは、卵、バター、牛乳は一切使わずに、豆乳やなたねサラダ油など植物性のものを使います。
体に安心なだけでなく、食べても体に負担がかからないというのが大きな特徴です。

かなりストイックに感じられるかもしれません。
また、おいしいの？と思われる方もいるでしょう。

本書のレシピは、かつて私が習ったレシピを私流の材料に置き換え、進化させ、簡単で体に安心安全なものを、試行錯誤しながら生み出したものです。
現在、それらのメニューをもとに、天然酵母のパン教室を開き、週末には天然酵母パンを販売しています。
多くの方々に体に優しいパンを伝えることはもちろん、おいしいと言っていただけることが励みになっています。

本書を通して、一人でも多くの方に、自らの手でこね、成形し、焼くことの楽しさ、そして焼きたてのパンが食卓に並ぶことで、笑顔になっていただけたら幸せです。

CONTENTS

基本の道具と材料 TOOLS & INGREDIENTS ······ 012

BEFORE
〚 はじめる前に 〛

1. こね KNEADING ······ 016
2. 一次発酵 1ST FERMENTATION ······ 018
3. 分割 DIVISION ······ 018
4. ベンチタイム BENCH TIME ······ 019
5. 成形 FORMING ······ 019
6. 二次発酵 2ND FERMENTATION ······ 020
7. 仕上げ FINISHING ······ 020
8. 焼成 BAKING ······ 021

I. BASIC BREAD
〚 ベーシックなパン 〛

白パン WHITE BREAD ······ 024
まるぱん ROUND BREAD ······ 028
マフィン MUFFIN ······ 032
くるみパン WALNUT BREAD ······ 036
平パン FLAT BREAD ······ 040
ナン NAAN ······ 044
ツイストパン TWIST BREAD ······ 048
山食 MOUNTAIN BREAD ······ 052
テーブルロール TABLE ROLL ······ 056
ベーグル BAGEL ······ 060

II. STYLISH BREAD
〚 スタイリッシュなパン 〛

リュスティック RUSTIQUE ……… 066
ライクレッセント RYE CRESCENT ……… 070
メランジェ MELANGE ……… 074
チャバタ CIABATTA ……… 078
バタール BATARD ……… 082
カンパーニュ CAMPAGNE ……… 086
エピ EPI ……… 090
リースパン WREATH BREAD ……… 094
クグロフ KOUGLOF ……… 098
フーガス FOUGASSE ……… 102

III. RICH BREAD
〚 リッチなパン 〛

グリーンリーフのピザ GREEN LEAF PIZZA ……… 108
ローズマリーフォカッチャ ROSEMARY FOCACCIA ……… 112
バナナブレッド BANANA BREAD ……… 116
スパイスドーナツ SPICE DONUT ……… 120
ショコラ CHOCOLATE ……… 124
ベジタブルカレーパン VEGETABLE CURRY BREAD ……… 128
赤レンズ豆のあんぱん RED LENTIL PASTE BREAD ……… 132
シナモンロール CINNAMON ROLL ……… 136
豆乳クリームパン SOYMILK CREAM BREAD ……… 140
抹茶と小豆の渦巻きパン GREEN TEA & ADZUKI BEAN SPIRAL BREAD ……… 144

IV. WITH BREAD
〚 パンのおとも 〛

SOUP
- かぼちゃのスープ PUMPKIN SOUP —— 150
- ブロッコリーのスープ BROCCOLI SOUP —— 152
- トマトのスープ TOMATO SOUP —— 154
- ラズベリーのデザートスープ RASPBERRY SOUP —— 156

SALAD
- ビーツのサラダ BEET SALAD —— 157
- キヌアと野菜のサラダ QUINOA & VEGETABLE SALAD —— 158
- じゃがいもとにんじんの豆腐マヨネーズサラダ
  POTATO & CARROT TOFU MAYONNAISE SALAD —— 159
- フルーツサラダ FRESH FRUIT SALAD —— 160

JAM
- いちごとレモンのジャム STRAWBERRY & LEMON JAM —— 161
- りんごとバニラビーンズのジャム APPLE & VANILLA BEAN JAM —— 162
- バナナとココナツのジャム BANANA & COCONUT JAM —— 163
- キウイとスパイスのジャム KIWI FRUIT & SPICE JAM —— 164

PASTE
- ひよこ豆のペースト CHICK-PEA PASTE —— 165
- かぼちゃとくるみのペースト PUMPKIN & WALNUT PASTE —— 166
- ピーナツペースト PEANUT PASTE —— 167
- アボカドペースト AVOCADO PASTE —— 168

DRINK
- ほうじ茶の豆乳チャイ ROASTED TEA SOYMILK CHAI —— 169
- グリーンスムージー GREEN SMOOTHIE —— 170
- ジンジャーティー GINGER TEA —— 171
- きなこソイミルク SOYBEAN FLOUR SOYMILK —— 172

TOOLS
> 基本の道具

パンを作るのに必要な道具は、ほとんどが家庭にあるもので、専門的なものはほんのちょっとです。普段、私が使っている基本の道具を紹介します。

WOOD SPATULA
> 木べら

しっかり材料を混ぜ合わせられる幅がきちんとあるものがおすすめです。無印良品のものを使用しています。

TABLESPOON
> 大さじ

主に甜菜糖や生種を計量するのに使用します。

BIG BOWL
> 大きめのボウル

粉類を入れるのに使います。無印良品のものを使用しています。

LADLE
> レードル（おたま）

粉入れから粉をすくい出すときに使用します。

TEASPOON
> 小さじ

主に塩を計量するのに使用します。

SMALL BOWL
> 小さめのボウル

塩、甜菜糖、なたねサラダ油、ホシノ酵母などの材料を入れるのに使います。

DIGITAL SCALE
> デジタルスケール

材料を計量するときに使います。1g単位で計量できるものがあると便利です。

PITCHER
> ピッチャー

液体を計量するのに使用します。

SCRAPER
> スケッパー

生地を分割するときや、生地を台からはがすときに使用します。

BREAD MAT
> パンマット

ベンチタイムのときに使います。キャンバス地なら、べったりとパン生地が貼りつくことがありません。

KITCHEN SCISSORS
> キッチンばさみ

パンに切り込みを入れるときに使用します。

CARD
> カード

ボウルにはりついた生地をはがすときや、生地を分割するときに使います。あると便利です。

ROLLING PIN
> めん棒

生地を伸ばすときに使用します。凹凸部のあるガス抜きめん棒を使用しています。

BRUSH
> 刷毛

豆乳やオリーブオイルなどを生地の表面に塗るときに使用します。

SPRAYER
> 霧吹き

生地の乾燥を防ぐために使用します。100円ショップで売っているものでも十分です。

COUPE KNIFE
> クープナイフ

パンの表面にクープを入れるときに使います。握りやすいMATFERのものを使用しています。

TEA STRAINER
> 茶漉し

生地の表面に粉などをふるときに使用します。

OVEN PAPER
> オーブンシート

使い捨てタイプとくり返し使用できるタイプがあります。長い目で見ると、くり返し使用できるオーブンシートがおすすめです。

INGREDI-ENTS
> 基本の材料

白砂糖、卵、乳製品の代わりになるものや、なるべく体によいオーガニックや国産のものを使っています。

RYE FLOUR
> ライ麦粉

国産のものを使っています。味に深みを与えます。

BAKING TRAY
> 天板

たくさん焼くときは数枚揃えると便利です。

HOSHINO TANZAWA YEAST
> ホシノ丹沢酵母

神奈川県丹沢の野生酵母を使ったパン種です。購入の際の説明書にしたがって種を起こします。
http://www.hoshino-koubo.co.jp

WHOLE WHEAT FLOUR
> 全粒粉

ミネラルや灰分を含む全粒粉は、強力粉よりも栄養価があります。ブレンドして使用すると栄養価が高まります。主に北海道産のものを使っています。

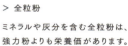

MOLD
> モールド(型)

山食型やクグロフ型、ミニパウンド型など、目的に合わせて揃えるとバリエーションの幅が広がります。

STRONG FLOUR
> 強力粉

パンのベースとなります。北海道産、熊本産、東北産などいろいろありますが、はるゆたかブレンド、春よ恋を使っています。お気に入りの粉を見つけて作るとよいです。

WEAK FLOUR
> 薄力粉

軽い食感に仕上げたいときに、強力粉とブレンドして使用します。北海道産のドルチェを使っています。

FRENCH SEMI-HARD FLOUR
> フランスパン用準強力粉

食事系のリュスティックやエピなど食感に特徴のあるパンにブレンドして使うと味わい深いパンになります。

NUT
> ナッツ

くるみやアーモンド、カシューナッツ、ペカンナッツなど食感が楽しめるナッツ類はパンのフィリングに欠かせません。オーガニックのものを使っています。

SALT
> 塩

精製塩よりもミネラルが豊富な、天然の海塩を使用しています。粒子が細かいものがおすすめです。

RICE FLOUR
> 米粉

強力粉にブレンドすると、もちっとした食感と軽さを味わえます。自然食品店などで国産の有機米粉が手に入ります。

RAPESEED SALAD OIL
> なたねサラダ油

バターの代わりに、油脂分やしっとり感を出すために使用します。なたね油よりもさらっとしてクセがあまりないのが特徴です。

BEET SUGAR
> 甜菜糖

ビート糖と呼ばれる砂糖大根を原料としています。オリゴ糖を含み、血糖値をゆるやかに上昇させ、やさしい甘さが特徴です。

ORGANIC DRY FRUIT
> オーガニックドライフルーツ

レーズンやカレンツなど、できるだけ植物油を添加していない、オーガニックドライフルーツを揃えると安心です。

OLIVE OIL
> オリーブオイル

エクストラオリーブオイルがおすすめです。無農薬のものを使用しています。

ORGANIC SOYMILK
> 有機豆乳

牛乳の代わりに使用し、濃厚さを出します。有機豆乳の代わりにアーモンドミルクもおすすめです。

BEFORE
> はじめる前に

パン作りは基本さえ押さえれば、とてもシンプルで簡単です。まずは右記をしっかりとマスターしましょう。

1-1. KNEADING
> こね〈生地をまとめる〉

大きめのボウルに粉類を入れ、小さめのボウルに、塩、甜菜糖、水、なたねサラダ油、酵母などの材料を入れ、それぞれヘラで混ぜ合わせる。大きめのボウルに小さめのボウルの中身を加えて静かに混ぜ合わせる。ある程度混ざったら生地がまとまるまで手で押しながらこねる。

1-2. KNEADING
> こね〈伸ばしごね〉

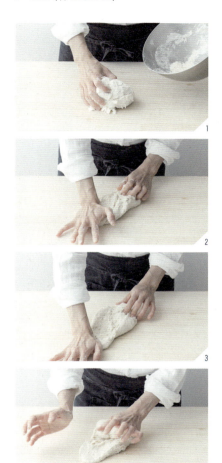

1-3. KNEADING
> こね〈V字ごね〉

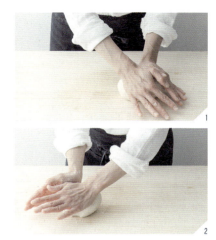

生地を台の上に出し、手の平で伸ばす。手前から奥へと伸ばしたら、生地を手前に戻して、また奥へと伸ばす。伸ばしたときに、生地が切れなくなるまで、3〜5分ほどくり返す。

生地を両手で覆い、Vの字を描くように、3〜5分ほど左右に転がす。生地がつるっとしてきたら、フィンガーチェック（生地を親指と中指でつまみ、中指をくるくると回転させて生地の伸び具合の確認）をする。生地がなめらかにつながっていればよい。

2. 1ST FERMENTATION
> 一次発酵

生地を台の上で転がして丸め、ボウルに入れる。ラップをして約2倍の大きさになるまで発酵させる。常温で夏は6時間前後、冬は12時間前後。発酵器を使う場合は、機種にもよるが、2時間を目安とする。

3. DIVISION
> 分割

生地の全体量を計量し、等分になるようにスケッパーで切り分けて丸め、とじめをとじる。丸い生地の真ん中にスケッパーで切れ目を入れ、左右にひらいて一直線にすると切り分けやすい。

4. BENCH TIME
> ベンチタイム

パンマットの上にとじ目を下にして並べる。乾燥防止のため生地に霧吹きをして、パンマットをかぶせ、15分ほど生地を休ませる。

5. FORMING
> 成形

丸め直したり、めん棒を使ったり、長く伸ばしたり。いろいろな方法があるので、詳細は各パンのところで紹介。

6. 2ND FERMENTATION
> 二次発酵

天板にオーブンシートを敷き、とじ目を下にして、隣のパンとくっつかないように間隔をあけて生地を並べる。約1.5倍の大きさになるまで発酵させる。常温で夏は30分～1時間、冬は1～2時間。発酵器を使う場合は、機種にもよるが、30分を目安とする。

7. FINISHING
> 仕上げ

粉をふったり、クープや切り込みを入れたり、具材をのせたり。いろいろな方法があるので、詳細は各パンのところで紹介。

8. BAKING
> 焼成

必ずオーブンは予熱をして、指定の温度と時間で焼く。ただし、オーブンによってクセがあるため、多少の時間や温度の調整が必要。

BASIC BREAD
〖 ベーシックなパン 〗

味も成形もシンプルで
毎日食べても飽きないベーシックなパンたち。
レシピの材料に好みの具材を加えても
作る楽しさが膨らみます。

I

BASIC BREAD

WHITE BREAD

〚 白パン 〛

食事パンの代表格の白パンは、
噛むほどに粉のおいしさが伝わってきます。
好みのジャムやペーストを塗っても楽しめます。

WHITE BREAD

〚 白パン 〛

---| INGREDIENTS 〈4個分〉 |---

強力粉	300g	甜菜糖	18g	水	145g
塩	4g	なたねサラダ油	15g	酵母	24g

---| HOW TO MAKE |---

1. こね　　大きめのボウルに強力粉を入れる。小さめのボウルに残りの材料を入れてヘラで混ぜ合わせる。大きめのボウルに小さめのボウルの中身を加えて静かに混ぜ合わせる。ある程度混ざったら手で押しながらこねる。生地がまとまったら台の上に出し、伸ばしごね3〜5分、V字ごね3〜5分を目安に生地をこねる。

2. 一次発酵　生地を丸め、ボウルに入れる。ラップをして約2倍の大きさになるまで発酵させる。常温で夏は6時間前後、冬は12時間前後。発酵器では2時間を目安とする。

3. 分割 📷　ボウルから出して4等分にし、それぞれ丸めてとじ目をとじる。

4. ベンチタイム　パンマットの上にとじ目を下にして並べ、生地に霧吹きをして、パンマットをかぶせ、15分ほど休ませる。

5. 成形　　丸め直す。

6. 二次発酵　天板にオーブンシートを敷き、とじ目を下にして生地を並べ、約1.5倍の大きさになるまで発酵させる。常温で夏は30分〜1時間、冬は1〜2時間。発酵器では30分を目安とする。

7. 仕上げ　生地の表面に茶漉しで強力粉（分量外）をふる。

8. 焼成　　190℃に予熱したオーブンで14分焼く。

BASIC BREAD

ROUND BREAD

〚 まるぱん 〛

オーソドックスなまるぱんは、
デリやお好きなドリンクと一緒にどうぞ。

ROUND BREAD
〚 まるぱん 〛

---| INGREDIENTS〈6個分〉|---

強力粉 150g	塩 4g	酵母 24g
ライ麦粉 75g	甜菜糖 18g	
全粒粉 75g	水 145g	

---| HOW TO MAKE |---

1. こね　　大きめのボウルに強力粉、ライ麦粉、全粒粉を入れ、小さめのボウルに残りの材料を入れ、それぞれヘラで混ぜ合わせる。大きめのボウルに小さめのボウルの中身を加えて静かに混ぜ合わせる。ある程度混ざったら手で押しながらこねる。生地がまとまったら台の上に出し、伸ばしごね3〜5分、V字ごね3〜5分を目安に生地をこねる。

2. 一次発酵　生地を丸め、ボウルに入れる。ラップをして約2倍の大きさになるまで発酵させる。常温で夏は6時間前後、冬は12時間前後。発酵器では2時間を目安とする。

3. 分割 📷　ボウルから出して6等分にし、それぞれ丸めてとじ目をとじる。

4. ベンチタイム　パンマットの上にとじ目を下にして並べ、生地に霧吹きをして、パンマットをかぶせ、15分ほど休ませる。

5. 成形　　丸め直す。

6. 二次発酵　天板にオーブンシートを敷き、とじ目を下にして生地を並べ、約1.5倍の大きさになるまで発酵させる。常温で夏は30分〜1時間、冬は1〜2時間。発酵器では30分を目安とする。

7. 仕上げ　生地の表面に茶漉しでライ麦粉（分量外）をふり、クープナイフで4辺にクープを入れる。

8. 焼成　　200℃に予熱したオーブンで14分焼く。

3-1

3-2

BASIC BREAD

MUFFIN

〚 マフィン 〛

コーングリッツを使わないシンプルさを極めたマフィンは、
半分にスライスして野菜などを挟んだり、
軽くトーストしたりするのもおすすめです。

MUFFIN
〚 マフィン 〛

---| INGREDIENTS 〈6個分〉 |---

強力粉	300g	甜菜糖	25g	水	150g
塩	4g	なたねサラダ油	10g	酵母	24g

---| HOW TO MAKE |---

1. こね　　　大きめのボウルに強力粉を入れる。小さめのボウルに残りの材料を入れてヘラで混ぜ合わせる。大きめのボウルに小さめのボウルの中身を加えて静かに混ぜ合わせる。ある程度混ざったら手で押しながらこねる。生地がまとまったら台の上に出し、伸ばしごね3〜5分、V字ごね3〜5分を目安に生地をこねる。

2. 一次発酵　生地を丸め、ボウルに入れる。ラップをして約2倍の大きさになるまで発酵させる。常温で夏は6時間前後、冬は12時間前後。発酵器では2時間を目安とする。

3. 分割　　　ボウルから出して6等分にし、それぞれ丸めてとじ目をとじる。

4. ベンチタイム　パンマットの上にとじ目を下にして並べ、生地に霧吹きをして、パンマットをかぶせ、15分ほど休ませる。

5. 成形　　　丸め直す。

6. 二次発酵　天板にオーブンシートを敷き、丸型（直径9cm×高さ3cm）を置き、型の中央に生地をとじ目を下にして並べ、約1.5倍の大きさになるまで発酵させる。常温で夏は30分〜1時間、冬は1〜2時間。発酵器では30分を目安とする。

7. 仕上げ　　生地の表面に茶漉しで強力粉（分量外）をふる。

8. 焼成　　　クッキングシートをかぶせ、天板をさらに上に重ね、190℃に予熱したオーブンで15分焼く。天板を重ねることで、圧がかかり、表面が平らに仕上がる。

BASIC BREAD

WALNUT BREAD

〖 くるみパン 〗

小ぶりのくるみパンは、おやつ感覚で食べられます。
あたためるとよりいっそうくるみの風味が増します。

WALNUT BREAD
〖 くるみパン 〗

---| INGREDIENTS 〈6個分〉|---

強力粉 ──── 250g	甜菜糖 ──── 18g	くるみ（砕いておく）──── 45g
全粒粉 ──── 50g	水 ──── 155g	
塩 ──── 4g	酵母 ──── 24g	

---| HOW TO MAKE |---

1. こね　　　大きめのボウルに強力粉、全粒粉を入れ、小さめのボウルに塩、甜菜糖、水、酵母を入れ、それぞれヘラで混ぜ合わせる。大きめのボウルに小さめのボウルの中身を加えて静かに混ぜ合わせる。ある程度混ざったら手で押しながらこねる。生地がまとまったら台の上に出し、伸ばしごね3〜5分、V字ごね3〜5分を目安に生地をこねる。こね上がったら、くるみを2回に分けて混ぜる。生地を伸ばし、くるみをのせて丸めるをくり返す。

2. 一次発酵　生地を丸め、ボウルに入れる。ラップをして約2倍の大きさになるまで発酵させる。常温で夏は6時間前後、冬は12時間前後。発酵器では2時間を目安とする。

3. 分割　　　ボウルから出して6等分にし、それぞれ丸めてとじ目をとじる。

4. ベンチタイム　パンマットの上にとじ目を下にして並べ、生地に霧吹きをして、パンマットをかぶせ、15分ほど休ませる。

5. 成形 📷　とじ目を下にして、直径10cm程度の円形にめん棒で伸ばす。

6. 二次発酵　天板にオーブンシートを敷き、とじ目を下にして生地を並べ、約1.5倍の大きさになるまで発酵させる。常温で夏は30分〜1時間、冬は1〜2時間。発酵器では30分を目安とする。

7. 仕上げ 📷　生地の5ケ所にスケッパーで切り込みを入れる。

8. 焼成　　　200℃に予熱したオーブンで14分焼く。

BASIC BREAD

FLAT BREAD

〚 平パン 〛

中近東スタイルの平たいパンは、
好みの具材を上にのせて
オープンサンドにするのもよいです。

FLAT BREAD

〖 平パン 〗

INGREDIENTS 〈6個分〉

強力粉 —— 270g	甜菜糖 —— 6g	酵母 —— 24g
グラハム —— 30g	水 —— 140g	
塩 —— 4g	オリーブオイル —— 15g	

HOW TO MAKE

1. **こね**　大きめのボウルに強力粉、グラハムを入れる。小さめのボウルに残りの材料を入れてヘラで混ぜ合わせる。大きめのボウルに小さめのボウルの中身を加えて静かに混ぜ合わせる。ある程度混ざったら手で押しながらこねる。生地がまとまったら台の上に出し、伸ばしごね3〜5分、V字ごね3〜5分を目安に生地をこねる。

2. **一次発酵**　生地を丸め、ボウルに入れる。ラップをして約2倍の大きさになるまで発酵させる。常温で夏は6時間前後、冬は12時間前後。発酵器では2時間を目安とする。

3. **分割**　ボウルから出して6等分にし、それぞれ丸めてとじ目をとじる。

4. **ベンチタイム**　パンマットの上にとじ目を下にして並べ、生地に霧吹きをして、パンマットをかぶせ、15分ほど休ませる。

5. **成形**　とじ目を下にして、直径15cm程度の円形にめん棒で伸ばす。

6. **二次発酵**　天板にオーブンシートを敷き、とじ目を下にして生地を並べ、約1.5倍の大きさになるまで発酵させる。常温で夏は30分〜1時間、冬は1〜2時間。発酵器では30分を目安とする。

7. **仕上げ**　生地の表面にフォークで穴を開け、グラハム(分量外)を適量ふる。

8. **焼成**　200℃に予熱したオーブンで10分焼く。

BASIC BREAD

NAAN

〖 ナン 〗

インドの代表的なパンのナンを、
ご家庭のオーブンでも作れる簡単レシピです。
カレーと一緒に召し上がれ。

NAAN

〖 ナン 〗

---| INGREDIENTS 〈4個分〉|---

強力粉	250g	甜菜糖	15g	酵母	24g
全粒粉	50g	なたねサラダ油	20g		
塩	4g	水	145g		

---| HOW TO MAKE |---

1. こね　　　大きめのボウルに強力粉、全粒粉を入れ、小さめのボウルに残りの材料を入れ、それぞれヘラで混ぜ合わせる。大きめのボウルに小さめのボウルの中身を加えて静かに混ぜ合わせる。ある程度混ざったら手で押しながらこねる。生地がまとまったら台の上に出し、伸ばしごね3～5分、V字ごね3～5分を目安に生地をこねる。

2. 一次発酵　生地を丸め、ボウルに入れる。ラップをして約2倍の大きさになるまで発酵させる。常温で夏は6時間前後、冬は12時間前後。発酵器では2時間を目安とする。

3. 分割　　　ボウルから出して4等分にし、それぞれ丸めてとじ目をとじる。

4. ベンチタイム　パンマットの上にとじ目を下にして並べ、生地に霧吹きをして、パンマットをかぶせ、15分ほど休ませる。

5. 成形　　　とじ目を下にして、タテ20cm×ヨコ10cm程度にめん棒で伸ばし、生地の中央部をめん棒で軽く押す。

6. 仕上げ　　生地の表面に刷毛でなたねサラダ油（分量外）を塗る。

7. 焼成　　　230℃に予熱したオーブンで6分焼く。

BASIC BREAD

TWIST BREAD

〚 ツイストパン 〛

くるくると巻いてとじた形がキュートなツイストパン。
2本の生地を交互に編むだけなので、
とっても簡単です。

TWIST BREAD

〚 ツイストパン 〛

---| INGREDIENTS〈5個分〉|---

強力粉 ……… 250g	甜菜糖 ……… 20g	酵母 ……… 24g
全粒粉 ……… 50g	なたねサラダ油 ……… 15g	
塩 ……… 4g	水 ……… 150g	

---| HOW TO MAKE |---

1. こね　　　　大きめのボウルに強力粉、全粒粉を入れ、小さめのボウルに残りの材料を入れ、それぞれヘラで混ぜ合わせる。大きめのボウルに小さめのボウルの中身を加えて静かに混ぜ合わせる。ある程度混ざったら手で押しながらこねる。生地がまとまったら台の上に出し、伸ばしごね3〜5分、V字ごね3〜5分を目安に生地をこねる。

2. 一次発酵　　生地を丸め、ボウルに入れる。ラップをして約2倍の大きさになるまで発酵させる。常温で夏は6時間前後、冬は12時間前後。発酵器では2時間を目安とする。

3. 分割　　　　ボウルから出して10等分にし、それぞれ丸めてとじ目をとじる。

4. ベンチタイム　パンマットの上にとじ目を下にして並べ、生地に霧吹きをして、パンマットをかぶせ、15分ほど休ませる。

5. 成形 📷　　とじ目を上にして、タテ10cm×ヨコ5cm程度の楕円形にめん棒で伸ばす。生地の向きを横にかえ、向こう側から手前にくるくると巻いて、とじ目をとじる。さらに中央から両端に向かって両手で長さ20cm程度の棒状に伸ばす。もう1つも同じように伸ばし、2本を交互に編んでくるりと円形にして端をしっかりととじる。

6. 二次発酵　　天板にオーブンシートを敷き、とじ目を下にして生地を並べ、約1.5倍の大きさになるまで発酵させる。常温で夏は30分〜1時間、冬は1〜2時間。発酵器では30分を目安とする。

7. 仕上げ　　　生地の表面に茶漉しで強力粉（分量外）をふる。

8. 焼成　　　　190℃に予熱したオーブンで14分焼く。

BASIC BREAD

MOUN TAIN BREAD

〚 山食 〛

朝食におすすめの山食は、ストレートに粉を
楽しむことができます。蒸したかぼちゃや
さつまいもなどを生地に混ぜてもおいしいです。

MOUNTAIN BREAD

〚 山食 〛

―――――――――| INGREDIENTS〈1台分〉|―――――――――

強力粉	300g	甜菜糖	10g	酵母	24g
塩	5g	水	150g		

―――――――――| HOW TO MAKE |―――――――――

1. こね　　　大きめのボウルに強力粉を入れる。小さめのボウルに残りの材料を入れてヘラで混ぜ合わせる。大きめのボウルに小さめのボウルの中身を加えて静かに混ぜ合わせる。ある程度混ざったら手で押しながらこねる。生地がまとまったら台の上に出し、伸ばしごね3〜5分、V字ごね3〜5分を目安に生地をこねる。

2. 一次発酵　　生地を丸め、ボウルに入れる。ラップをして約2倍の大きさになるまで発酵させる。常温で夏は6時間前後、冬は12時間前後。発酵器では2時間を目安とする。

3. 分割　　　ボウルから出して2等分にし、それぞれ丸めてとじ目をとじる。

4. ベンチタイム　パンマットの上にとじ目を下にして並べ、生地に霧吹きをして、パンマットをかぶせ、15分ほど休ませる。

5. 成形 📷　丸め直したら、一斤型(20.5cm×9.5cm×高さ9.5cm)の寸法に合わせてカットしたクッキングシートを型に敷き、とじ目を下にして生地をふたつ並べて入れる。

6. 二次発酵　天板に型を置き、生地が型の頂点から1〜2cm下あたりになるまで発酵させる。常温で夏は90分〜2時間、冬は2〜3時間。発酵器では90分を目安とする。

7. 仕上げ　　生地の表面に茶漉しで強力粉(分量外)をふる。

8. 焼成　　　190℃に予熱したオーブンで30分焼く。

5-1

5-2

BASIC BREAD

TABLE ROLL

〚 テーブルロール 〛

バターロールとは少し違ったルックスのテーブルロールは、
籐籠やお皿に盛りつけて、スタイリッシュに
コーディネートすると食卓が楽しくなります。

TABLE ROLL
〚 テーブルロール 〛

―― INGREDIENTS〈8個分〉――

強力粉 ……… 250g	甜菜糖 ……… 10g	酵母 ……… 24g
全粒粉 ……… 50g	なたねサラダ油 ……… 15g	豆乳 ……… 適量
塩 ……… 4g	水 ……… 140g	

―― HOW TO MAKE ――

1. こね　　　大きめのボウルに強力粉、全粒粉を入れ、小さめのボウルに塩、甜菜糖、なたねサラダ油、水、酵母を入れ、それぞれヘラで混ぜ合わせる。大きめのボウルに小さめのボウルの中身を加えて静かに混ぜ合わせる。ある程度混ざったら手で押しながらこねる。生地がまとまったら台の上に出し、伸ばしごね3〜5分、V字ごね3〜5分を目安に生地をこねる。

2. 一次発酵　　生地を丸め、ボウルに入れる。ラップをして約2倍の大きさになるまで発酵させる。常温で夏は6時間前後、冬は12時間前後。発酵器では2時間を目安とする。

3. 分割　　　ボウルから出して8等分にし、それぞれ丸めてとじ目をとじる。

4. ベンチタイム　パンマットの上にとじ目を下にして並べ、生地に霧吹きをして、パンマットをかぶせ、15分ほど休ませる。

5. 成形　　　とじ目を上にして、長さ15cm程度のしずく型にめん棒で伸ばし、向こう側から手前にくるくると巻く。

6. 二次発酵　　天板にオーブンシートを敷き、とじ目を下にして生地を並べ、約1.5倍の大きさになるまで発酵させる。常温で夏は30分〜1時間、冬は1〜2時間。発酵器では30分を目安とする。

7. 仕上げ　　生地の表面に刷毛で豆乳を塗る。

8. 焼成　　　200℃に予熱したオーブンで13分焼く。

5-1

5-2

BASIC BREAD

BAGEL

〚 ベーグル 〛

油を使わないヘルシーなベーグル。
半分にカットして具材をサンドするのもおすすめです。

BAGEL
〚 ベーグル 〛

INGREDIENTS 〈6個分〉

強力粉 —— 300g	甜菜糖 —— 15g	酵母 —— 24g
塩 —— 4g	水 —— 150g	

HOW TO MAKE

1. **こね**　大きめのボウルに強力粉を入れる。小さめのボウルに残りの材料を入れてヘラで混ぜ合わせる。大きめのボウルに小さめのボウルの中身を加えて静かに混ぜ合わせる。ある程度混ざったら手で押しながらこねる。生地がまとまったら台の上に出し、伸ばしごね3〜5分、V字ごね3〜5分を目安に生地をこねる。

2. **一次発酵**　生地を丸め、ボウルに入れる。ラップをして約2倍の大きさになるまで発酵させる。常温で夏は6時間前後、冬は12時間前後。発酵器では2時間を目安とする。

3. **分割**　ボウルから出して6等分にし、それぞれ丸めてとじ目をとじる。

4. **ベンチタイム**　パンマットの上にとじ目を下にして並べ、生地に霧吹きをして、パンマットをかぶせ、15分ほど休ませる。

5. **成形** 📷　とじ目を上にして、タテ15cm×ヨコ10cm程度の楕円形にめん棒で伸ばす。生地の向きを横にかえ、向こう側から手前にくるくると巻いて、とじ目をとじる。さらに中央から両端に向かって両手で20cm程度の棒状に伸ばす。片方の端を指で平たくつぶし、くるりとドーナツ状に巻いて、もう片方の端を包むようにとじる。

6. **二次発酵**　天板にパンマットを敷き、とじ目を下にして生地を並べ、約1.5倍の大きさになるまで発酵させる。常温で夏は30分〜1時間、冬は1〜2時間。発酵器では30分を目安とする。

7. **仕上げ** 📷　鍋に水を入れて火にかけ、沸騰しない程度の湯の中に、大さじ2の甜菜糖を入れて混ぜ、生地を入れて両面20秒づつ茹でる。

8. **焼成**　天板にオーブンシートを敷いて生地を並べ、200℃に予熱したオーブンで15分焼く。

STYLISH BREAD

〚 スタイリッシュなパン 〛

見た目も名前もオシャレな
ワンランク上のパンたち。
大切な人へのギフトにも
ぴったりです。

II

STYLISH BREAD

RUSTI QUE

〚 リュスティック 〛

素朴という意味のリュスティック。
しっかりしたクラストと
もっちりのクラムの食感を楽しんでください。

RUSTIQUE

〖 リュスティック 〗

---| INGREDIENTS〈4個分〉|---

強力粉 —— 200g	—— 100g	水 —— 190g
フランスパン用準強力粉	塩 —— 4g	酵母 —— 24g

---| HOW TO MAKE |---

1. こね　　大きめのボウルに強力粉、フランスパン用準強力粉を入れ、小さめのボウルに残りの材料を入れ、それぞれヘラで混ぜ合わせる。大きめのボウルに小さめのボウルの中身を加えて静かに混ぜ合わせる。ある程度混ざったら手で押しながらこねる。生地がまとまったら台の上に出し、軽く混ぜ合わせる程度にこねる。

2. 一次発酵　生地を丸め、ボウルに入れる。ラップをして約2倍の大きさになるまで発酵させる。常温で夏は6時間前後、冬は12時間前後。発酵器では2時間を目安とする。

3. 分割　　ボウルから出してひとつに丸めてとじ目をとじる。

4. ベンチタイム　パンマットの上にとじ目を下にして並べ、生地に霧吹きをして、パンマットをかぶせ、15分ほど休ませる。

5. 成形 📷　とじ目を下にして、生地をタテ15cm×ヨコ20cm程度の長方形にめん棒で伸ばし、スケッパーで4等分にする。

6. 二次発酵　天板にオーブンシートを敷き、生地を並べ、約1.5倍の大きさになるまで発酵させる。常温で夏は30分〜1時間、冬は1〜2時間。発酵器では30分を目安とする。

7. 仕上げ　生地の表面に茶漉しで強力粉（分量外）をふり、クープナイフで斜めにクープを入れる。

8. 焼成　　200℃に予熱したオーブンで15分焼く。

STYLISH BREAD

RYE CRES CENT

〚 ライクレッセント 〛

ライ麦を使った三日月型のパンという意味のライクレッセント。
上弦の月、下弦の月、満月など、
月をモチーフにいろいろと形を変えても面白いです。

RYE CRESCENT
〚 ライクレッセント 〛

INGREDIENTS 〈4個分〉

強力粉	200g	甜菜糖	20g	レーズン	40g
ライ麦粉	100g	水	145g	ひまわりの種	10g
塩	5g	酵母	2.4g		

HOW TO MAKE

1. **こね**　大きめのボウルに強力粉、ライ麦粉を入れ、小さめのボウルに塩、甜菜糖、水、酵母を入れ、それぞれヘラで混ぜ合わせる。大きめのボウルに小さめのボウルの中身を加えて静かに混ぜ合わせる。ある程度混ざったら手で押しながらこねる。生地がまとまったら台の上に出し、伸ばしごね3〜5分、V字ごね3〜5分を目安に生地をこねる。こね上がったら、レーズン、ひまわりの種を2回に分けて混ぜる。生地を伸ばし、レーズン、ひまわりの種をのせて生地を丸めるをくり返す。

2. **一次発酵**　生地を丸め、ボウルに入れる。ラップをして約2倍の大きさになるまで発酵させる。常温で夏は6時間前後、冬は12時間前後。発酵器では2時間を目安とする。

3. **分割**　ボウルから出して4等分にし、それぞれ丸めてとじ目をとじる。

4. **ベンチタイム**　パンマットの上にとじ目を下にして並べ、生地に霧吹きをして、パンマットをかぶせ、15分ほど休ませる。

5. **成形** 📷　とじ目を上にして、タテ15cm×ヨコ8cm程度の楕円形にめん棒で伸ばす。生地の向きを横にかえ、向こう側から手前にくるくると巻いて、とじ目をとじる。さらに中央から両端に向かって両手で長さ20cm程度の棒状に伸ばし、三日月型に整える。

6. **二次発酵**　天板にオーブンシートを敷き、とじ目を下にして生地を並べ、約1.5倍の大きさになるまで発酵させる。常温で夏は30分〜1時間、冬は1〜2時間。発酵器では30分を目安とする。

7. **仕上げ**　生地の中央にクープナイフでクープを入れる。

8. **焼成**　200℃に予熱したオーブンで20分焼く。

STYLISH BREAD

MELA
NGE

〚 メランジェ 〛

フランス語で混合という意味を持つメランジェ。
今回はドライフルーツをミックスしました。
軽くトーストすれば香りを楽しめ、薄くスライスすればワインにも合います。

MELANGE
〚 メランジェ 〛

---- INGREDIENTS〈3個分〉 ----

強力粉	240g	塩	5g	カレンツ	100g
ライ麦粉	80g	水	190g	レーズン	50g
全粒粉	80g	酵母	32g	くるみ(砕く)	40g

---- HOW TO MAKE ----

1. こね　　大きめのボウルに強力粉、ライ麦粉、全粒粉を入れ、小さめのボウルに塩、水、酵母を入れ、それぞれヘラで混ぜ合わせる。大きめのボウルに小さめのボウルの中身を加えて静かに混ぜ合わせる。ある程度混ざったら手で押しながらこねる。生地がまとまったら台の上に出し、伸ばしごね3〜5分、V字ごね3〜5分を目安に生地をこねる。こね上がったら、カレンツ、レーズン、くるみを2回に分けて混ぜる。生地を伸ばし、カレンツ、レーズン、くるみをのせて生地を丸めるをくり返す。

2. 一次発酵　生地を丸め、ボウルに入れる。ラップをして約2倍の大きさになるまで発酵させる。常温で夏は6時間前後、冬は12時間前後。発酵器では2時間を目安とする。

3. 分割　　ボウルから出して3等分にし、それぞれ丸めてとじ目をとじる。

4. ベンチタイム　パンマットの上にとじ目を下にして並べ、生地に霧吹きをして、パンマットをかぶせ、15分ほど休ませる。

5. 成形 📷　とじ目を上にして、タテ20cm×ヨコ15cm程度にめん棒で伸ばす。生地の向きを横にかえ、向こう側から手前にくるくると巻いて、とじ目をとじる。

6. 二次発酵　天板にオーブンシートを敷き、とじ目を下にして生地を並べ、約1.5倍の大きさになるまで発酵させる。常温で夏は30分〜1時間、冬は1〜2時間。発酵器では30分を目安とする。

7. 仕上げ　生地の表面に茶漉しで強力粉(分量外)をふり、クープナイフで中央に1本、両サイドに斜めに3本ずつクープを入れる。

8. 焼成　　210℃に予熱したオーブンで20分焼く。

STYLISH BREAD

CIABA TTA

〖 チャバタ 〗

イタリア語でスリッパを意味するチャバタ。
スリッパのようなルックスと、
オリーブオイルの香りと味を堪能してください。

CIABATTA
〖 チャバタ 〗

INGREDIENTS〈3個分〉

強力粉 300g	オリーブオイル 15g	酵母 24g
塩 4g	水 210g	

HOW TO MAKE

1. こね　　大きめのボウルに強力粉を入れる。小さめのボウルに残りの材料を入れてヘラで混ぜ合わせる。大きめのボウルに小さめのボウルの中身を加えて静かに混ぜ合わせる。ある程度混ざったら手で押しながらこねる。生地がまとまったら台の上に出し、伸ばしごね3～5分、V字ごね3～5分を目安に生地をこねる。
2. 一次発酵　生地を丸め、ボウルに入れる。ラップをして約2倍の大きさになるまで発酵させる。常温で夏は6時間前後、冬は12時間前後。発酵器では2時間を目安とする。
3. 分割　　ボウルから出してひとつにまとめてとじ目をとじる。
4. ベンチタイム　パンマットの上にとじ目を下にして並べ、生地に霧吹きをして、パンマットをかぶせ、15分ほど休ませる。
5. 成形 📷　とじ目を下にして、タテ20㎝×ヨコ25㎝程度にめん棒で伸ばす。生地を3等分にして、スリッパをイメージして形を整える。
6. 二次発酵　天板にオーブンシートを敷き、生地を並べ、約1.5倍の大きさになるまで発酵させる。常温で夏は30分～1時間、冬は1～2時間。発酵器では30分を目安とする。
7. 仕上げ　生地の表面に茶漉しで強力粉（分量外）をふる。
8. 焼成　　230℃に予熱したオーブンで12分焼く。

STYLISH BREAD

BATARD

〖 バタール 〗

家庭で作れるフランスパン。
バゲットより少し小さめのバタールですが、
フランスパンのエスプリを十分堪能できます。

BATARD

〚 バタール 〛

---| INGREDIENTS〈2個分〉|---

強力粉	450g	甜菜糖	18g	酵母	36g
塩	6g	水	220g	モルト	5g

---| HOW TO MAKE |---

1. こね　　　　大きめのボウルに強力粉を入れる。小さめのボウルに残りの材料を入れてヘラで混ぜ合わせる。大きめのボウルに小さめのボウルの中身を加えて静かに混ぜ合わせる。ある程度混ざったら手で押しながらこねる。生地がまとまったら台の上に出し、伸ばしごね3〜5分、V字ごね3〜5分を目安に生地をこねる。

2. 一次発酵　　生地を丸め、ボウルに入れる。ラップをして約2倍の大きさになるまで発酵させる。常温で夏は6時間前後、冬は12時間前後。発酵器では2時間を目安とする。

3. 分割　　　　ボウルから出して2等分にし、それぞれ丸めてとじ目をとじる。

4. ベンチタイム　パンマットの上にとじ目を下にして並べ、生地に霧吹きをして、パンマットをかぶせ、15分ほど休ませる。

5. 成形 📷　　とじ目を上にして、タテ25cm×ヨコ10cm程度にめん棒で伸ばす。生地の向きを横にかえ、向こう側から手前にくるくると巻いて、とじ目をとじる。さらに中央から両端に向かって両手で長さ30cm程度に伸ばす。

6. 二次発酵 📷　天板にパンマットを敷き、ひだを生地の両サイドにつくる。とじ目を下にして生地を並べ、約1.5倍の大きさになるまで発酵させる。常温で夏は30分〜1時間、冬は1〜2時間。発酵器では30分を目安とする。

7. 仕上げ　　　天板にオーブンシートを敷いて生地を並べ、生地の表面に茶漉しで強力粉（分量外）をふり、クープナイフで斜め3本のクープを入れる。

8. 焼成　　　　230℃に予熱したオーブンで16分焼く。

STYLISH BREAD

CAMPA GNE

〚 カンパーニュ 〛

大きめの田舎パンのカンパーニュは、
スライスしてサラダと一緒にプレートに盛りつけたり、
カンパーニュサンドやタルティーヌにしたりするのもおすすめです。

CAMPAGNE

〚 カンパーニュ 〛

INGREDIENTS 〈1個分〉

強力粉	250g	塩	5g	酵母	24g
全粒粉	50g	水	160g		

HOW TO MAKE

1. こね　　　大きめのボウルに強力粉、全粒粉を入れ、小さめのボウルに残りの材料を入れ、それぞれヘラで混ぜ合わせる。大きめのボウルに小さめのボウルの中身を加えて静かに混ぜ合わせる。ある程度混ざったら手で押しながらこねる。生地がまとまったら台の上に出し、伸ばしごね3〜5分、V字ごね3〜5分を目安に生地をこねる。

2. 一次発酵　生地を丸め、ボウルに入れる。ラップをして約2倍の大きさになるまで発酵させる。常温で夏は6時間前後、冬は12時間前後。発酵器では2時間を目安とする。

3. 分割　　　ボウルから出して生地をひとつに丸めてとじ目をとじる。

4. ベンチタイム　パンマットの上にとじ目を下にして並べ、生地に霧吹きをして、パンマットをかぶせ、15分ほど休ませる。

5. 成形　　　丸め直す。

6. 二次発酵　籐の丸型（直径18cm）に茶漉しで強力粉（分量外）をふり、とじ目を上にして生地を置く。約1.5倍の大きさになるまで発酵させる。常温で夏は30分〜1時間、冬は1〜2時間。発酵器では30分を目安とする。

7. 仕上げ　　丸型からとじ目が下になるように取り出し、オーブンシートを敷いた天板にのせ、クープナイフでクープを十字に入れる。

8. 焼成　　　230℃に予熱したオーブンで15分焼き、210℃に下げて10分焼く。

STYLISH BREAD

EPI

〚 エピ 〛

フランス語で麦の穂を意味するエピ。
ベーコンを入れるのが一般的ですが、
今回はオリーブを入れ、個性的にアレンジしました。

EPI
〚 エピ 〛

――――――――| INGREDIENTS〈3個分〉|――――――――

| フランスパン用準強力粉 300g | 塩 4g | 酵母 24g |
| 水 150g | グリーンオリーブ 適量 | |

――――――――| HOW TO MAKE |――――――――

1. こね　　大きめのボウルにフランスパン用準強力粉を入れる。小さめのボウルに塩、水、酵母を入れてヘラで混ぜ合わせる。大きめのボウルに小さめのボウルの中身を加えて静かに混ぜ合わせる。ある程度混ざったら手で押しながらこねる。生地がまとまったら台の上に出し、伸ばしごね3～5分、V字ごね3～5分を目安に生地をこねる。

2. 一次発酵　生地を丸め、ボウルに入れる。ラップをして約2倍の大きさになるまで発酵させる。常温で夏は6時間前後、冬は12時間前後。発酵器では2時間を目安とする。

3. 分割　　ボウルから出して3等分にし、それぞれ丸めてとじ目をとじる。

4. ベンチタイム　パンマットの上にとじ目を下にして並べ、生地に霧吹きをして、パンマットをかぶせ、15分ほど休ませる。

5. 成形 📷　とじ目を上にして、タテ25cm×ヨコ20cm程度にめん棒で伸ばす。真ん中に半分にカットしたグリーンオリーブを適量のせ、生地の向きを横にかえ、向こう側から手前にくるくると巻いて、とじ目をとじる。

6. 二次発酵　天板にオーブンシートを敷き、とじ目を下にして生地を並べ、約1.5倍の大きさになるまで発酵させる。常温で夏は30分～1時間、冬は1～2時間。発酵器では30分を目安とする。

7. 仕上げ 📷　生地に斜めにハサミで切り込みを入れ、生地を左右にずらしていく。

8. 焼成　　210℃に予熱したオーブンで16分焼く。

STYLISH BREAD

WREATH BREAD

〖 リースパン 〗

クリスマスシーズンにベストなリースパン。
硬めに焼いてリボンを巻きつければ
ドアリースとしても楽しめます。

WREATH BREAD
〖 リースパン 〗

---| INGREDIENTS 〈3個分〉|---

強力粉	450g	甜菜糖	45g	アニス（八角）	適量
よもぎパウダー	7.5g	水	240g	ペカンナッツ	適量
塩	6g	酵母	36g		

---| HOW TO MAKE |---

1. こね　　大きめのボウルに強力粉、よもぎパウダーを入れ、小さめのボウルに塩、甜菜糖、水、酵母を入れ、それぞれヘラで混ぜ合わせる。大きめのボウルに小さめのボウルの中身を加えて静かに混ぜ合わせる。ある程度混ざったら手で押しながらこねる。生地がまとまったら台の上に出し、伸ばしごね3〜5分、V字ごね3〜5分を目安に生地をこねる。

2. 一次発酵　生地を丸め、ボウルに入れる。ラップをして約2倍の大きさになるまで発酵させる。常温で夏は6時間前後、冬は12時間前後。発酵器では2時間を目安とする。

3. 分割　　ボウルから出して6等分にし、それぞれ丸めてとじ目をとじる。

4. ベンチタイム　パンマットの上にとじ目を下にして並べ、生地に霧吹きをして、パンマットをかぶせ、15分ほど休ませる。

5. 成形 📷　とじ目を上にしてタテ20cm×ヨコ5cm程度にめん棒で伸ばす。生地の向きを横にかえ、向こう側から手前にくるくると巻いて、とじ目をとじる。さらに中央から両端に向かって両手で長さ25cm程度に伸ばす。もうひとつも同じように伸ばし、交互にクロスして編んでいき、円形にくるりと丸めてとじ目をとじる。

6. 二次発酵　天板にオーブンシートを敷き、とじ目を下にして生地を並べ、約1.5倍の大きさになるまで発酵させる。常温で夏は30分〜1時間、冬は1〜2時間。発酵器では30分を目安とする。

7. 仕上げ　生地の表面にペカンナッツとアニスを押し込む。

8. 焼成　　200℃に予熱したオーブンで16分焼く。

STYLISH BREAD

KOUG LOF

〚 クグロフ 〛

フランスのアルザス地方の伝統発酵菓子。
豆乳を使い、濃厚さも味わえる
オリジナルに仕上げています。

KOUGLOF

〚 クグロフ 〛

---| INGREDIENTS 〈1台分〉 |---

強力粉 —— 190g	なたねサラダ油 —— 30g	けておく) —— 小さじ1/2
塩 —— 2g	酵母 —— 15g	ローストアーモンド — 6粒
甜菜糖 —— 25g	レーズン —— 25g	
豆乳 —— 100g	ラム酒（レーズンはラム酒につ	

---| HOW TO MAKE |---

1. こね　　　　大きめのボウルに強力粉を入れる。小さめのボウルに塩、甜菜糖、豆乳、なたねサラダ油、酵母を入れてヘラで混ぜ合わせる。大きめのボウルに小さめのボウルの中身を加えて、静かに混ぜ合わせる。ある程度混ざったら手で押しながらこねる。生地がまとまったら台の上に出し、伸ばしごね3〜5分、V字ごね3〜5分を目安に生地をこねる。こね上がったら、ラムレーズンを2回に分けて混ぜる。生地を伸ばし、ラムレーズンをのせて生地を丸めるをくり返す。

2. 一次発酵　　生地を丸め、ボウルに入れる。ラップをして約2倍の大きさになるまで発酵させる。常温で夏は6時間前後、冬は12時間前後。発酵器では2時間を目安とする。

3. 分割　　　　ボウルから出して生地をひとつに丸めてとじ目をとじる。

4. ベンチタイム　パンマットの上にとじ目を下にして並べ、生地に霧吹きをして、パンマットをかぶせ、15分ほど休ませる。

5. 成形 📷　　とじ目を上にして、タテ20cm×ヨコ10cm程度の楕円形にめん棒で伸ばす。生地の向きを横にかえ、向こう側から手前にくるくると巻いて、とじ目をとじる。さらに中央から両端に向かって両手で長さ25cm程度に伸ばす。

6. 二次発酵 📷　クグロフ型（直径15cm×高さ8.5cm）になたねサラダ油（分量外）を塗り、アーモンドを底に敷く。とじ目を下にして生地を置き、約1.5倍の大きさになるまで発酵させる。常温で夏は30分〜1時間、冬は1〜2時間。発酵器では30分を目安とする。

7. 仕上げ　　　生地の表面に刷毛で豆乳（分量外）を塗る。

8. 焼成　　　　180℃に予熱したオーブンで30分焼く。

STYLISH BREAD

FOUGASSE

〖 フーガス 〗

フランス語で葉っぱの意味を持つフーガス。
かわいい形を楽しみながら、
少しずつちぎって食べるのがおすすめです。

FOUGASSE

〖 フーガス 〗

---| INGREDIENTS〈3個分〉|---

強力粉	200g	オリーブオイル	10g	を拭き取り、小さくカット)	
全粒粉	100g	水	145g		3〜4個
塩	4g	酵母	24g	岩塩	適量
甜菜糖	10g	ドライトマト(水で戻して水分			

---| HOW TO MAKE |---

1. こね　　大きめのボウルに強力粉、全粒粉を入れ、小さめのボウルに塩、甜菜糖、オリーブオイル、水、酵母を入れ、それぞれヘラで混ぜ合わせる。大きめのボウルに小さめのボウルの中身を加えて静かに混ぜ合わせる。ある程度混ざったら手で押しながらこねる。生地がまとまったら台の上に出し、伸ばしごね3〜5分、V字ごね3〜5分を目安に生地をこねる。こね上がったら、ドライトマトを2回に分けて混ぜる。生地を伸ばし、ドライトマトをのせて生地を丸めるをくり返す。

2. 一次発酵　生地を丸め、ボウルに入れる。ラップをして約2倍の大きさになるまで発酵させる。常温で夏は6時間前後、冬は12時間前後。発酵器では2時間を目安とする。

3. 分割　　ボウルから出して3等分にし、それぞれ丸めてとじ目をとじる。

4. ベンチタイム　パンマットの上にとじ目を下にして並べ、生地に霧吹きをして、パンマットをかぶせ、15分ほど休ませる。

5. 成形 📷　とじ目を下にして、タテ20cm程度のしずく型にめん棒で伸ばす。スケッパーなどで葉脈のように中央に1本、両サイドに3本ずつ切れ目を入れる。

6. 二次発酵　天板にオーブンシートを敷き、切れ目を少し広げて生地を並べ、約1.5倍の大きさになるまで発酵させる。常温で夏は30分〜1時間、冬は1〜2時間。発酵器では30分を目安とする。

7. 仕上げ　生地の表面に刷毛でオリーブオイル(分量外)を塗り、岩塩少々をふる。

8. 焼成　　210℃に予熱したオーブンで15分焼く。

RICH BREAD
〖 リッチなパン 〗

具材を詰め込んだパンが主流のリッチなパンは、
手間をかける分、おいしさも倍増。
フィリングだけでなく、
ルックスにもこだわっています。

RICH BREAD

GREEN LEAF PIZZA

〚 グリーンリーフのピザ 〛

ピザ風のグリーンリーフのパンは、長方形にしたり、丸型にしたり。
思い思いの形に成形して、フレッシュなグリーンリーフを
こんもりとトッピングしましょう。

GREEN LEAF PIZZA
〚 グリーンリーフのピザ 〛

INGREDIENTS 〈3個分〉

強力粉 — 270g	〈トッピング〉	オリーブオイル — 大さじ2
全粒粉 — 30g	グリーンリーフ — 適量	レモン汁 — 小さじ1
塩 — 4g	オリーブオイル — 適量	塩 — 少々
甜菜糖 — 15g	塩 — 少々	(アボカドは皮と種を取り、ソースの材料をすべてフードプロセッサーに入れて攪拌する)
水 — 160g	〈グリーンソース〉	
酵母 — 18g	アボカド — 1個	

HOW TO MAKE

1. **こね**　大きめのボウルに強力粉、全粒粉を入れ、小さめのボウルに塩、甜菜糖、水、酵母を入れ、それぞれヘラで混ぜ合わせる。大きめのボウルに小さめのボウルの中身を加えて静かに混ぜ合わせる。ある程度混ざったら手で押しながらこねる。生地がまとまったら台の上に出し、伸ばしごね3〜5分、V字ごね3〜5分を目安に生地をこねる。

2. **一次発酵**　生地を丸め、ボウルに入れる。ラップをして約2倍の大きさになるまで発酵させる。常温で夏は6時間前後、冬は12時間前後。発酵器では2時間を目安とする。

3. **分割**　ボウルから出して3等分にし、それぞれ丸めてとじ目をとじる。

4. **ベンチタイム**　パンマットの上にとじ目を下にして並べ、生地に霧吹きをして、パンマットをかぶせ、15分ほど休ませる。

5. **成形** 📷　とじ目を下にして、タテ18cm×ヨコ10cm程度にめん棒で伸ばす。

6. **仕上げ**　生地の表面にグリーンソースをスプーンでまんべんなく塗る。

7. **焼成**　220℃に予熱したオーブンで10分焼く。粗熱が取れたら、グリーンリーフを飾り、オリーブオイルを塗り、塩をふる。

RICH BREAD

ROSEMARY FOCACCIA

〚 ローズマリーフォカッチャ 〛

ローズマリーの香りが食欲をそそる、
イタリアの代表的なパンのフォカッチャ。
岩塩が味のアクセントになります。

ROSEMARY FOCACCIA
〚 ローズマリーフォカッチャ 〛

─┤ INGREDIENTS〈1台分〉├─

強力粉	300g	酵母	24g	岩塩	適量
塩	5g	〈トッピング〉			
オリーブオイル	40g	フレッシュのローズマリー			
水	150g			適量	

─┤ HOW TO MAKE ├─

1. こね　　大きめのボウルに強力粉を入れる。小さめのボウルに塩、オリーブオイル、水、酵母を入れてヘラで混ぜ合わせる。大きめのボウルに小さめのボウルの中身を加えて、静かに混ぜ合わせる。ある程度混ざったら手で押しながらこねる。生地がまとまったら台の上に出し、伸ばしごね3〜5分、V字ごね3〜5分を目安に生地をこねる。

2. 一次発酵　生地を丸め、ボウルに入れる。ラップをして約2倍の大きさになるまで発酵させる。常温で夏は6時間前後、冬は12時間前後。発酵器では2時間を目安とする。

3. 分割　　ボウルから出して、ひとつに丸めてとじ目をとじる。

4. ベンチタイム　パンマットの上にとじ目を下にして並べ、生地に霧吹きをして、パンマットをかぶせ、15分ほど休ませる。

5. 成形　　とじ目を下にして、タテ20cm×ヨコ18cm程度にめん棒で伸ばす。

6. 二次発酵　天板にオーブンシートを敷き、生地を並べ、約1.5倍の大きさになるまで発酵させる。常温で夏は30分〜1時間、冬は1〜2時間。発酵器では30分を目安とする。

7. 仕上げ 📷　生地の表面に指で押して9ケ所のへこみを作る。刷毛でオリーブオイル（分量外）を塗って、ローズマリーをくぼみの部分にのせ、岩塩をふる。

8. 焼成　　210℃に予熱したオーブンで12分焼き、200℃に下げて8分焼く。粗熱が取れたら、オリーブオイル（分量外）を表面に刷毛で塗る。

RICH BREAD

BANANA BREAD

〚 バナナブレッド 〛

ほんのりとバナナの香りがし、
口の中にふわっと甘みが広がるバナナブレッド。
菓子パン感覚でおやつにどうぞ。

BANANA BREAD
〖 バナナブレッド 〗

---- INGREDIENTS〈4個分〉----

強力粉	125g	甜菜糖	30g	攪拌したもの）	100g
全粒粉	155g	なたねサラダ油	20g	酵母	24g
米粉	50g	水	100g	メープルシロップ	適量
塩	4g	バナナ（フードプロセッサーで	ココナツフレーク	適量

---- HOW TO MAKE ----

1. こね　　大きめのボウルに強力粉、全粒粉、米粉を入れ、小さめのボウルに塩、甜菜糖、なたねサラダ油、水、バナナ、酵母を入れて、それぞれヘラで混ぜ合わせる。大きめのボウルに小さめのボウルの中身を加えて静かに混ぜ合わせる。ある程度混ざったら手で押しながらこねる。生地がまとまったら台の上に出し、伸ばしごね3〜5分、V字ごね3〜5分を目安に生地をこねる。

2. 一次発酵　生地を丸め、ボウルに入れる。ラップをして約2倍の大きさになるまで発酵させる。常温で夏は6時間前後、冬は12時間前後。発酵器では2時間を目安とする。

3. 分割　　ボウルから出して4等分にし、それぞれ丸めてとじ目をとじる。

4. ベンチタイム　パンマットの上にとじ目を下にして並べ、生地に霧吹きをして、パンマットをかぶせ、15分ほど休ませる。

5. 成形 📷　とじ目を上にして、タテ20cm×ヨコ10cm程度にめん棒で伸ばす。生地の向きを横にかえ、向こう側から手前にくるくると巻いて、とじ目をとじる。

6. 二次発酵 📷　ミニパウンド型（11.5cm×6cm×高さ5cm）にクッキングシートを寸法に合わせてカットしたものを敷き、とじ目を下にして生地を入れ、約1.5倍の大きさになるまで発酵させる。常温で夏は1〜2時間、冬は90分〜2時間。発酵器では1時間〜90分を目安とする。

7. 仕上げ　生地の表面にメープルシロップを刷毛で塗り、ココナツフレークをふりかける。

8. 焼成　　190℃に予熱したオーブンで20分焼く。

RICH BREAD

SPICE DONUT

〖 スパイスドーナツ 〗

数種類のスパイスをブレンドした、
大人っぽいテイストのスパイスドーナツ。
スパイスの量は好みで増減してください。

SPICE DONUT

〚 スパイスドーナツ 〛

---- INGREDIENTS 〈6個分〉 ----

薄力粉 —— 200g	水 —— 140g	パウダー、ナツメグパウダー）
強力粉 —— 70g	なたねサラダ油 —— 15g	—— 合わせて小さじ1
全粒粉 —— 30g	酵母 —— 24g	なたねサラダ油、もしくは
塩 —— 3g	スパイス（カルダモンパウダ	米油（揚げ油用）—— 適量
甜菜糖 —— 25g	ー、シナモンパウダー、クローブ	きび糖 —— 適量

---- HOW TO MAKE ----

1. こね 大きめのボウルに薄力粉、強力粉、全粒粉、スパイスを入れ、小さめのボウルに塩、甜菜糖、水、なたねサラダ油、酵母を入れ、それぞれヘラで混ぜ合わせる。大きめのボウルに小さめのボウルの中身を加えて静かに混ぜ合わせる。ある程度混ざったら手で押しながらこねる。生地がまとまったら台の上に出し、伸ばしごね3〜5分、V字ごね3〜5分を目安に生地をこねる。

2. 一次発酵 生地を丸め、ボウルに入れる。ラップをして約2倍の大きさになるまで発酵させる。常温で夏は6時間前後、冬は12時間前後。発酵器では2時間を目安とする。

3. 分割 ボウルから出して6等分にし、それぞれ丸めてとじ目をとじる。

4. ベンチタイム パンマットの上にとじ目を下にして並べ、生地に霧吹きをして、パンマットをかぶせ、15分ほど休ませる。

5. 成形 とじ目を上にして、タテ20cm×ヨコ10cm程度の楕円形にめん棒で伸ばす。生地の向きを横にかえ、向こう側から手前にくるくると巻いて、とじ目をとじる。さらに中央から両端に向かって両手で長さ20cm程度の棒状に伸ばし、リング状にして生地の端同士をつないでとじる。

6. 二次発酵 天板にパンマットを敷き、とじ目を下にして生地を並べ、約1.5倍の大きさになるまで発酵させる。常温で夏は30分〜1時間、冬は1〜2時間。発酵器では30分を目安とする。

7. 仕上げ 170℃の油で表裏50秒ずつ揚げて、オーブンシートを敷いた天板にのせる。

8. 焼成 150℃に予熱したオーブンで10分焼く。熱いうちにきび糖をまぶす。

RICH BREAD

CHOCO LATE

〚 ショコラ 〛

生地にココアパウダー、フィリングに
チョコレートを入れたショコラは、
ほろ苦いけど甘さも感じる飽きのこないブレッドです。

CHOCOLATE

〚 ショコラ 〛

---| INGREDIENTS 〈6個分〉 |---

強力粉 ——— 200g	塩 ——— 4g	ビターチョコレート（砕く）
薄力粉 ——— 100g	甜菜糖 ——— 30g	——— 30g
ココアパウダー（無糖）	水 ——— 150g	くるみ ——— 6粒
——— 15g	酵母 ——— 24g	

---| HOW TO MAKE |---

1. こね　　　　大きめのボウルに強力粉、薄力粉、ココアパウダーを入れ、小さめのボウルに塩、甜菜糖、水、酵母を入れ、それぞれヘラで混ぜ合わせる。大きめのボウルに小さめのボウルの中身を加えて静かに混ぜ合わせる。ある程度混ざったら手で押しながらこねる。生地がまとまったら台の上に出し、伸ばしごね3〜5分、V字ごね3〜5分を目安に生地をこねる。

2. 一次発酵　　生地を丸め、ボウルに入れる。ラップをして約2倍の大きさになるまで発酵させる。常温で夏は6時間前後、冬は12時間前後。発酵器では2時間を目安とする。

3. 分割　　　　ボウルから出して、6等分し、それぞれ丸めてとじ目をとじる。

4. ベンチタイム　パンマットの上にとじ目を下にして並べ、生地に霧吹きをして、パンマットをかぶせ、15分ほど休ませる。

5. 成形 📷　　とじ目を上にして、直径10cm程度の円状にめん棒で伸ばし、ビターチョコレートを適量のせて包み、とじ目をとじる。

6. 二次発酵　　天板にオーブンシートを敷き、丸型（直径9cm×高さ3cm）を置く。型の中央にとじ目を下にして生地を並べ、くるみを中央に押し込み、約1.5倍の大きさになるまで発酵させる。常温で夏は30分〜1時間、冬は1〜2時間。発酵器では30分を目安とする。

7. 仕上げ 📷　生地の表面の半分に茶漉しで強力粉（分量外）をふり、クッキングシートをかぶせる。

8. 焼成 📷　　天板を上に重ね、190℃に予熱したオーブンで14分焼く。天板を重ねることで、圧がかかり、表面が平らに仕上がる。

RICH BREAD

VEGETABLE CURRY BREAD

〘 ベジタブルカレーパン 〙

肉類を使わない植物性の野菜カレーパンは、
とってもヘルシーでランチやディナーにもうってつけ。
ピクニックなどでも活躍してくれます。

VEGETABLE CURRY BREAD

〚 ベジタブルカレーパン 〛

---- INGREDIENTS 〈6個分〉 ----

強力粉	200g
フランスパン用準強力粉	100g
カレーパウダー	10g
塩	4g
甜菜糖	15g
なたねサラダ油	20g
水	140g
酵母	24g
クミンシード	少々
パプリカパウダー	少々
〈カレーフィリング〉	
ひよこ豆（3時間以上浸水させておく）	100g
じゃがいも（さいの目切り）	3個
ターメリック	小さじ1
クミンパウダー	小さじ1と1/2
コリアンダーパウダー	小さじ1/2
ガラムマサラ	小さじ1
塩	小さじ1
しょうが（すりおろし）	1片
にんにく（すりおろし）	1片
なたねサラダ油	大さじ1
醤油	小さじ2
水	500cc
小麦粉	大さじ3
水	大さじ3

| HOW TO MAKE |

カレーフィリング	鍋にひよこ豆を入れてかぶる程度の水（分量外）を加え、豆がやわらかくなるまで煮る。別の鍋になたねサラダ油を入れ、しょうが、にんにくを炒め、じゃがいもを加えて炒める。ひよこ豆を水切りし、この鍋に加え、水（500cc）、塩を入れて火にかける。沸騰したら、中弱火にしてターメリック、クミンパウダー、コリアンダーパウダー、ガラムマサラ、醤油を加え、じゃがいもがやわらかくなるまで煮る。ある程度水分がとんできたら、小麦粉を水（大さじ3）で溶いたものを加えて、生地に包めるくらいの固さに仕上げる。
1．こね	大きめのボウルに強力粉、フランスパン用準強力粉、カレーパウダーを入れ、小さめのボウルに塩、甜菜糖、なたねサラダ油、水、酵母を入れ、それぞれヘラで混ぜ合わせる。大きめのボウルに小さめのボウルの中身を加えて静かに混ぜ合わせる。ある程度混ざったら手で押しながらこねる。生地がまとまったら台の上に出し、伸ばしごね3〜5分、V字ごね3〜5分を目安に生地をこねる。
2．一次発酵	生地を丸め、ボウルに入れる。ラップをして約2倍の大きさになるまで発酵させる。常温で夏は6時間前後、冬は12時間前後。発酵器では2時間を目安とする。
3．分割	ボウルから出して6等分にし、それぞれ丸めてとじ目をとじる。
4．ベンチタイム	パンマットの上にとじ目を下にして並べ、生地に霧吹きをして、パンマットをかぶせ、15分ほど休ませる。
5．成形 📷	とじ目を上にして、直径15cm程度の円形にめん棒で伸ばす。カレーフィリング大さじ1程度を生地の中央にのせて包み、とじ目をとじる。
6．二次発酵	天板にオーブンシートを敷き、とじ目を下にして生地を並べ、約1.5倍の大きさになるまで発酵させる。常温で夏は30分〜1時間、冬は1〜2時間。発酵器では30分を目安とする。
7．仕上げ	生地の表面にクミンシード、パプリカパウダーをふりかける。
8．焼成	200℃に予熱したオーブンで15分焼く。

RICH BREAD

RED LENTIL PASTE BREAD

〚 赤レンズ豆のあんぱん 〛

平たい赤レンズ豆はすぐに火が通り、簡単に餡が作れます。
赤レンズ豆を詰め込んだあんぱんは、
個性的でちょっと他とは違う味です。

RED LENTIL PASTE BREAD
〚 赤レンズ豆のあんぱん 〛

| INGREDIENTS〈6個分〉 |

強力粉	250g	水	155g	〈あん〉	
全粒粉	50g	酵母	24g	赤レンズ豆	1/2カップ
塩	4g	くるみ	適量	甜菜糖	1/4カップ
甜菜糖	18g				

---------------| HOW TO MAKE |---------------

あん	鍋に赤レンズ豆とかぶる程度の水（分量外）を入れて火にかける。赤レンズ豆がやわらかくなったら、甜菜糖を加え、水分をとばすようにときどきかき混ぜながら煮詰め、粗熱を取る。
1. こね	大きめのボウルに強力粉、全粒粉を入れ、小さめのボウルに塩、甜菜糖、水、酵母を入れ、それぞれヘラで混ぜ合わせる。大きめのボウルに小さめのボウルの中身を加えて静かに混ぜ合わせる。ある程度混ざったら手で押しながらこねる。生地がまとまったら台の上に出し、伸ばしごね3〜5分、V字ごね3〜5分を目安に生地をこねる。
2. 一次発酵	生地を丸め、ボウルに入れる。ラップをして約2倍の大きさになるまで発酵させる。常温で夏は6時間前後、冬は12時間前後。発酵器では2時間を目安とする。
3. 分割	ボウルから出して6等分にし、それぞれ丸めてとじ目をとじる。
4. ベンチタイム	パンマットの上にとじ目を下にして並べ、生地に霧吹きをして、パンマットをかぶせ、15分ほど休ませる。
5. 成形 📷	とじ目を上にして、直径10cm程度の円形にめん棒で伸ばす。真ん中に大さじ1程度のあんをのせて包み、とじ目をとじて生地の中央にくるみを押し入れる。
6. 二次発酵 📷	天板にオーブンシートを敷き、丸型（直径9cm×高さ3cm）を置く。型の中央にとじ目を下にして生地を並べ、約1.5倍の大きさになるまで発酵させる。常温で夏は30分〜1時間、冬は1〜2時間。発酵器では30分を目安とする。
7. 仕上げ	生地の表面に茶漉しで強力粉（分量外）をふる。
8. 焼成	クッキングシートをかぶせ、天板をさらに上に重ね、190℃に予熱したオーブンで14分焼く。天板を重ねることで、圧がかかり、表面が平らに仕上がる。

RICH BREAD

CINNA MON ROLL

〚 シナモンロール 〛

カフェにも登場するシナモンロールをご家庭でも
簡単に作ることができます。渦巻き状のシナモンロールを
コーヒーや紅茶などと一緒に楽しんでください。

CINNAMON ROLL

〖 シナモンロール 〗

---| INGREDIENTS〈6個分〉|---

強力粉	200g	黒糖	20g	シナモンパウダー	適量
全粒粉	50g	水	145g	黒糖(フィリング用)	適量
薄力粉	50g	なたねサラダ油	15g	くるみ(砕く)	適量
塩	4g	酵母	24g		

---| HOW TO MAKE |---

1. こね　　　　大きめのボウルに強力粉、全粒粉、薄力粉を入れ、小さめのボウルに塩、黒糖、水、なたねサラダ油、酵母を入れ、それぞれヘラで混ぜ合わせる。大きめのボウルに小さめのボウルの中身を加えて静かに混ぜ合わせる。ある程度混ざったら手で押しながらこねる。生地がまとまったら台の上に出し、伸ばしごね3〜5分、V字ごね3〜5分を目安に生地をこねる。

2. 一次発酵　　生地を丸め、ボウルに入れる。ラップをして約2倍の大きさになるまで発酵させる。常温で夏は6時間前後、冬は12時間前後。発酵器では2時間を目安とする。

3. 分割　　　　ボウルから出して、ひとつに丸めてとじ目をとじる。

4. ベンチタイム　パンマットの上にとじ目を下にして並べ、生地に霧吹きをして、パンマットをかぶせ、15分ほど休ませる。

5. 成形　　　　とじ目を上にして、タテ20cm×ヨコ25cm程度にめん棒で伸ばし、表面に黒糖をまんべんなく敷き、さらにシナモンパウダーをふる。くるみを散らし、向こう側から手前にくるくると巻いて、とじ目をとじる。生地を6等分に分割する。

6. 二次発酵　　天板にオーブンシートを敷き、切った断面を上にして生地を並べ、約1.5倍の大きさになるまで発酵させる。常温で夏は30分〜1時間、冬は1〜2時間。発酵器では30分を目安とする。

7. 仕上げ　　　生地の表面に黒糖(分量外)を適量ふる。

8. 焼成　　　　190℃に予熱したオーブンで14分焼く。

RICH BREAD

SOYMILK CREAM BREAD

〖 豆乳クリームパン 〗

クリームの重たさを感じない豆乳クリームパンは、
子供から大人まで楽しむことができる、おやつ感覚のパン。
マフィン型に入れて焼きます。

SOYMILK CREAM BREAD
〚 豆乳クリームパン 〛

---| INGREDIENTS〈8個分〉|---

強力粉 …… 250g	水 …… 150g	〈豆乳クリーム〉
全粒粉 …… 25g	なたねサラダ油 …… 10g	豆乳 …… 1カップ
薄力粉 …… 25g	酵母 …… 24g	甜菜糖 …… 大さじ3
塩 …… 4g	アーモンドスライス …… 適量	くず粉 …… 大さじ2
甜菜糖 …… 20g	豆乳 …… 適量	水 …… 大さじ2

| | HOW TO MAKE |

豆乳クリーム	鍋に豆乳、甜菜糖を入れて中火にかけ、甜菜糖を煮溶かす。水で溶いたくず粉を少しずつ鍋に加えて混ぜ合わせ、弱火で煮詰める。少し固めのクリーム状になったら、火を止め、粗熱を取る。バットにクッキングシート敷き、豆乳クリームを平らに敷いて、冷凍庫で1時間ほど冷やし固める。
1. こね	大きめのボウルに強力粉、全粒粉、薄力粉を入れ、小さめのボウルに塩、甜菜糖、水、なたねサラダ油、酵母を入れ、それぞれヘラで混ぜ合わせる。大きめのボウルに小さめのボウルの中身を加えて静かに混ぜ合わせる。ある程度混ざったら手で押しながらこねる。生地がまとまったら台の上に出し、伸ばしごね3〜5分、V字ごね3〜5分を目安に生地をこねる。
2. 一次発酵	生地を丸め、ボウルに入れる。ラップをして約2倍の大きさになるまで発酵させる。常温で夏は6時間前後、冬は12時間前後。発酵器では2時間を目安とする。
3. 分割	ボウルから出して8等分にし、それぞれ丸めてとじ目をとじる。
4. ベンチタイム	パンマットの上にとじ目を下にして並べ、生地に霧吹きをして、パンマットをかぶせ、15分ほど休ませる。
5. 成形 📷	とじ目を上にして、直径10cm程度の円形にめん棒で伸ばす。冷やし固めた豆乳クリームを8等分にし、生地の中央にのせて包み、とじ目をとじる。
6. 二次発酵 📷	天板にマフィン型を置き、マフィンカップをのせる。とじ目を下にして生地を並べ、アーモンドスライスを表面に軽く押し入れ、約1.5倍の大きさになるまで発酵させる。常温で夏は30分〜1時間、冬は1〜2時間。発酵器では30分を目安とする。
7. 仕上げ	生地の表面に刷毛で豆乳を塗る。
8. 焼成	190℃に予熱したオーブンで14分焼く。

RICH BREAD

GREEN TEA & ADZUKI BEAN SPIRAL BREAD

〚 抹茶と小豆の渦巻きパン 〛

甘さ控えめな小豆あんを生地に巻き込んだ渦巻きパン。
抹茶の苦味と小豆あんの甘味の
マリアージュが絶妙です。

GREEN TEA & ADZUKI BEAN
SPIRAL BREAD
〚 抹茶と小豆の渦巻きパン 〛

———┥ INGREDIENTS 〈4個分〉 ┝———

強力粉 …………… 300g	甜菜糖 …………… 25g	〈小豆あん〉
抹茶 …………………… 6g	水 ………………… 160g	小豆 …………… 1カップ
塩 ……………………… 4g	酵母 ……………… 24g	甜菜糖 ……… 1/2カップ

| | HOW TO MAKE |

小豆あん	鍋に小豆とかぶる程度の水（分量外）を入れ、火にかける。ときどきアクを取りながら、1時間ほど煮る。小豆がやわらかくなり、小豆に亀裂が入ったら甜菜糖を加え、さらに水分をとばすように煮詰める。水分がほとんどとんだらそのままの状態で粗熱を取る。
1. こね	大きめのボウルに強力粉、抹茶を入れ、小さめのボウルに塩、甜菜糖、水、酵母を入れ、それぞれヘラで混ぜ合わせる。大きめのボウルに小さめのボウルの中身を加えて静かに混ぜ合わせる。ある程度混ざったら手で押しながらこねる。生地がまとまったら台の上に出し、伸ばしごね3〜5分、V字ごね3〜5分を目安に生地をこねる。
2. 一次発酵	生地を丸め、ボウルに入れる。ラップをして約2倍の大きさになるまで発酵させる。常温で夏は6時間前後、冬は12時間前後。発酵器では2時間を目安とする。
3. 分割	ボウルから出して4等分にし、それぞれ丸めてとじ目をとじる。
4. ベンチタイム	パンマットの上にとじ目を下にして並べ、生地に霧吹きをして、パンマットをかぶせ、15分ほど休ませる。
5. 成形 📷	とじ目を上にして、タテ20cm×ヨコ10cm程度にめん棒で伸ばす。各辺1cmほど余白をあけて小豆あんを全体にのせ、向こう側から手前にくるくると巻いて、とじ目をとじる。
6. 二次発酵 📷	ミニパウンド型（11.5cm×6cm×高さ5cm）に合わせてクッキングシートを敷き、とじ目を下にして生地を入れ、約1.5倍の大きさになるまで発酵させる。常温で夏は30分〜1時間、冬は1〜2時間。発酵器では30分を目安とする。
7. 仕上げ	生地の表面に茶漉しで強力粉（分量外）をふる。
8. 焼成	190℃に予熱したオーブンで20分焼く。

WITH BREAD
〚 パンのおとも 〛

パンをいただくときに、一緒に添えることで
パンを引き立ててくれるおともたち。
スープやサラダ、ジャム、ペースト、ドリンクなど、
そのときの気分に合わせて試してみましょう。

Ⅳ

PUMPKIN SOUP
〚 かぼちゃのスープ 〛

スープの中でも比較的作りやすいかぼちゃのスープ。
こっくりとしていて、パンをつけて食べてもおいしいです。

──────── INGREDIENTS〈4人分〉 ────────

かぼちゃ（皮、種、わたを取り除きひと口大に切る） ──── 1/4個（500g）
玉ねぎ（みじん切り） ──── 100g
ターメリックパウダー ──── 小さじ1
オリーブオイル ──── 大さじ1
水 ──── 4カップ（800cc）
塩 ──── 少々
ローストしたかぼちゃの種 ──── 適量

──────── HOW TO MAKE ────────

1. 鍋にオリーブオイルを入れて火をつけ、玉ねぎを軽く炒める。
2. かぼちゃを加えて炒める。
3. 水を加え、沸騰したら中弱火にして15分ほど火にかける。途中で塩を加える。
4. かぼちゃがやわらかくなったら、フードプロセッサーに入れて撹拌する。
5. 再び鍋に戻し、弱火にしてターメリックパウダーを加えて数分火にかける。
6. 器に注ぎ、オリーブオイル（分量外）をまわしかけ、かぼちゃの種を砕いて飾る。

BROCCOLI SOUP

〚 ブロッコリーのスープ 〛

緑色が美しく、色を楽しみながらいただけるブロッコリーのスープ。
カリフラワーでアレンジするのもおすすめです。

―――――――――――――――――| INGREDIENTS〈4人分〉|―――――――――――――――――

ブロッコリー（房からはずし茎は使わない） ……… 1個（300g）	豆乳 ……… 50cc
玉ねぎ（みじん切り） ……… 1/2個（100g）	オリーブオイル ……… 大さじ1
じゃがいも（皮をむき、ひと口大に切る） ……… 1個（200g）	水 ……… 750cc
	塩 ……… 少々
	イタリアンパセリ（細かく刻む） ……… 適量

―――――――――――――――――| HOW TO MAKE |―――――――――――――――――

1. 鍋にオリーブオイルを入れて火をつけ、玉ねぎを軽く炒める。
2. じゃがいもを加えて炒め、さらにブロッコリーを入れて軽く炒める。
3. 水を加え、沸騰したら弱火にして15分ほど火にかける。途中で塩を加える。
4. 材料がやわらかくなったら、フードプロセッサーに入れて攪拌する。
5. 再び鍋に戻し、弱火にして豆乳を加えて2〜3分火にかける。
6. 器に注ぎ、イタリアンパセリを飾り、豆乳（分量外）をまわしかける。

TOMATO SOUP
〚 トマトのスープ 〛

トマトの酸味が食欲を刺激するあっさり味のスープ。
さっぱりといただける、ライトテイストなほんのり赤いスープです。

INGREDIENTS〈4人分〉

- トマト（皮つきのままひと口大に切る）……… 450g（中3個）
- セロリ（茎の部分を使用、1cmくらいのサイコロ状に切る）……… 70g
- 玉ねぎ（みじん切り）……… 100g
- オリーブオイル ……… 大さじ1
- にんにく（みじん切り）……… 1片
- 水 ……… 4カップ（800cc）
- 塩 ……… 少々
- ローズマリー（フレッシュなもの）……… 1〜2本
- 黒コショウ ……… 適量（お好みで）
- レモン ……… 適量

HOW TO MAKE

1. 鍋にオリーブオイルを入れて火をつけ、にんにくを炒める。
2. 玉ねぎを加えて軽く炒める。
3. セロリを加えて軽く炒め、さらにトマトを入れて炒める。
4. 水を加え、沸騰したら弱火にして20分ほど火にかける。途中で塩を加える。
5. ローズマリーを加えて弱火で4〜5分火にかける。
6. 器に注ぎ、好みで黒コショウをふり、レモンのスライスを飾る。

RASPBERRY SOUP
〚 ラズベリーのデザートスープ 〛

ピンクレッドの色が刺激的な、女性的なスープ。
色気を感じる極上スープは、パンと一緒に食卓を盛り上げてくれます。

INGREDIENTS〈4人分〉

ラズベリー（冷凍ものでもよい、冷凍のものは解凍して使用する） ······ 300g
水 ······ 1カップ（200cc）
豆乳 ······ 50cc
アガペシロップ ······ 大さじ1
ココナツクリーム ······ 適量

HOW TO MAKE
---

1. フードプロセッサーにラズベリー、水、豆乳、アガペシロップを入れて攪拌する。
2. 器に注ぎ、ココナツクリームをスプーンに入れて、まわしかける。

BEET SALAD

〚 ビーツのサラダ 〛

赤い色が特徴的なビーツ。ボルシチに使うのは有名ですが、
サラダにしても栄養価が高く、健康維持に役立ちます。

INGREDIENTS〈4人分〉

ビーツ（皮をむき、いちょう切り） ······ 1/2個	〈ドレッシング〉
りんご（種を取り、いちょう切り） ······ 1個	オリーブオイル ······ 大さじ1
くるみ ······ 適量	アガペシロップ ······ 大さじ1
	白ワインビネガー ······ 大さじ1

HOW TO MAKE

1. ボウルにビーツ、りんごを入れ、ドレッシングの材料を合わせたものを混ぜ合わせる。
2. くるみを砕いて散らす。

QUINOA & VEGETABLE SALAD
〚 キヌアと野菜のサラダ 〛

野菜と一緒に雑穀のキヌアをサラダに。キヌアの量を増やせば、おともとしてだけでなく、メインディッシュとしても楽しめます。

INGREDIENTS 〈4人分〉

キヌア … 1/2カップ、さつまいも（皮をむき、1cm角に切る）… 1/2本（250g）、人参（皮をむき、1cm角に切る）… 1本、ズッキーニ（1cm角に切る）… 1本、〈ドレッシング〉オリーブオイル … 大さじ2、レモン汁 … 大さじ1、白ワインビネガー … 大さじ2、キャラウェイシード … 少々

HOW TO MAKE

1. 鍋に水を入れて沸騰させ、さつまいも、人参を入れて、やわらかくなるまで茹でる。
2. 小鍋にキヌアと1カップの水を入れて火にかけ、沸騰したら弱火にして10分ほど茹でる。
3. ボウルに湯切りした1、2と、ズッキーニを入れ、ドレッシングの材料を合わせたもので全体を混ぜる。

POTATO & CARROT
TOFU MAYONNAISE SALAD
〚 じゃがいもとにんじんの豆腐マヨネーズサラダ 〛

ポテトサラダなのにマヨネーズを使わず、豆乳でアレンジ。
油っぽさがなく、さっぱりとした食感で腹持ちがいいデリです。

―――――――――――― INGREDIENTS〈4人分〉――――――――――――

じゃがいも（1cmのサイコロ状に切る）… 3個（500g）、にんじん（皮をむき、1cmのサイコロ状に切る）… 1本、塩 … 少々、〈豆腐マヨネーズ〉木綿とうふ（3時間以上ざるにのせ、重しをして水切りをする）… 180g、白ワインビネガー … 大さじ2、なたねサラダ油 … 大さじ1、白味噌 … 小さじ1、レモン汁 … 小さじ1、粒マスタード … 大さじ1、塩 … 少々、豆乳 … 大さじ1、イタリアンパセリ … 適量

―――――――――――― HOW TO MAKE ――――――――――――

1. 鍋にじゃがいも、にんじん、かぶる程度の水を入れて火をつけ、塩少々を加えてやわらかくなるまで茹でる。
2. フードプロセッサーに豆腐マヨネーズの材料を入れて攪拌する。
3. 湯切りした1に2を加えて混ぜ合わせる。イタリアンパセリを飾る。

FRESH FRUIT SALAD

〚 フルーツサラダ 〛

季節のフルーツを使ったフルーツサラダ。ぶどう以外にもイチゴや柑橘、りんごなど旬の果実を使って、色鮮やかに仕上げましょう。

INGREDIENTS 〈4人分〉

種なし巨峰 ……………………… 10粒	アガペシロップ ……………… 大さじ1
シャインマスカット ………………… 5粒	ミントの葉 …………………………… 少々
〈ドレッシング〉	
バルサミコ酢 ……………………… 大さじ2	

HOW TO MAKE

1. バルサミコ酢とアガペシロップは鍋に入れて火にかけ、少し煮詰める。
2. 器に種なし巨峰、シャインマスカットを入れ、1をかけ、ミントの葉を飾る。

STRAWBERRY & LEMON JAM

〚 いちごとレモンのジャム 〛

いちごが旬の時期に作るのがおすすめ。
レモンの酸味をかすかに効かせたインパクトのあるジャムです。

―――――――――― INGREDIENTS ――――――――――

いちご（ヘタを取り、タテ半分に切る）― 300g　レモン汁 ――――――――― 小さじ1
甜菜糖 ――――――――――――――― 70g　レモンの皮（すりおろし）――― 小さじ1/4

―――――――――― HOW TO MAKE ――――――――――

1. 鍋にいちごを入れ、甜菜糖をまぶして30分ほど置いておく。
2. 1を火にかけ、ヘラでいちごをつぶしながら、甜菜糖を煮溶かす。
3. レモンの皮、レモン汁を加えて10〜15分、ヘラで混ぜながら弱火にかける。
4. 全体的にとろりとしたら火をとめ、煮沸消毒した瓶に粗熱を取ってから詰める。

APPLE & VANILLA BEAN JAM

〖 りんごとバニラビーンズのジャム 〗

バニラビーンズの甘さがふんわりと香る、ちょっとリッチなジャムはどのパンにもぴったり。むつや紅玉、ふじなど、お好みのりんごを使って作ってみてください。

―――――――――| INGREDIENTS |―――――――――

りんご（皮をむき、4等分にカットして芯を取り、いちょう切り）―――― 3個（700gくらい）
バニラビーンズ（中央に切り込みを入れる）―――― 1本
甜菜糖 ―――― 100g
レモン汁 ―――― 小さじ1
水 ―――― 50cc

―――――――――| HOW TO MAKE |―――――――――

1. 鍋にりんご、水を入れて火にかける。沸騰したら弱火にして20〜30分ほど火にかける。
2. りんごが透き通ってきたら、バニラビーンズを加える。
3. 甜菜糖を加えて、さらに10分ほど弱火にかける。
4. レモン汁を加えて全体を混ぜ、とろみがついたら火をとめる。
5. 煮沸消毒した瓶に粗熱を取ってから詰める。

BANANA & COCONUT JAM
〚 バナナとココナツのジャム 〛

作りたてがおいしい、バナナとココナツ風味のジャム。南国をイメージして
作ってみてください。ココナツオイルを使うのもポイントです。

―――――――――――――| INGREDIENTS |―――――――――――――

| バナナ | 2本（180g） | 豆乳 | 大さじ1 |
| ココナツオイル | 小さじ2 | ココナツフレーク | 適量 |

―――――――――――――| HOW TO MAKE |―――――――――――――

1. フードプロセッサーにバナナ、ココナツオイル、豆乳を入れて攪拌する。
2. 器に1を盛りつけ、ココナツフレークをトッピングする。

KIWI FRUIT & SPICE JAM
〚 キウイとスパイスのジャム 〛

キウイの酸味とスパイスのバランスが楽しめる、オリンエンタルテイストなジャム。
キウイの芯はなかなか溶けないので取り除くのを忘れずに。

―――――――――――――| INGREDIENTS |―――――――――――――

キウイ（皮をむき、タテから4等分にカットして白い部分は取り除く） ……………… 3個
甜菜糖 ……………………………………………… 90g
アニス ……………………………………………… 1個
レモン汁 …………………………………………… 大さじ1/2

―――――――――――――| HOW TO MAKE |―――――――――――――

1. フードプロセッサーにキウイを入れて撹拌する。
2. 鍋に1、甜菜糖、アニスを入れて、10分ほど弱火にかける。
3. とろみがついたらレモン汁を加え、数分弱火にかける。
4. 火をとめ、アニスを取り出す。
5. 煮沸消毒した瓶に粗熱を取ってからジャムを詰める。

CHICK-PEA PASTE

〚 ひよこ豆のペースト 〛

食事系のパンに塗ったり、挟んだりして楽しめる、中近東ではメジャーなフムス。
ひよこ豆のペーストは、豆の栄養をそのまま体に吸収できます。

―――――┤ INGREDIENTS ├―――――

ひよこ豆（3時間以上浸水させる） ……… 100g
にんにく ……… 1片
レモン汁 ……… 小さじ1
オリーブオイル ……… 大さじ3
塩 ……… 少々
クミンパウダー ……… 少々
パプリカパウダー ……… 少々

―――――┤ HOW TO MAKE ├―――――

1. 鍋にひよこ豆、かぶる程度の水を入れて火にかける。
2. 沸騰したら中火にして、ひよこ豆がやわらかくなるまで30分ほど茹でる。
3. 2を湯切りする。
4. フードプロセッサーに3、にんにく、レモン汁、オリーブオイル、塩、クミンパウダーを入れて攪拌する。仕上がりが固いときは、水（分量外）を少々加える。
5. 器に盛りつけ、パプリカパウダーをふる。

PUMPKIN & WALNUT PASTE

〚 かぼちゃとくるみのペースト 〛

かぼちゃの独特の甘みとくるみのナッツ感がミックスされたペースト。
パンを何度もお代わりできるほど病みつきになるおいしさです。

―――――――――┤ INGREDIENTS ├―――――――――

かぼちゃ（皮、種、わたを取り除き、ひと口大に切る） ……………… 500g
くるみ（ロースト） ……………… 20g
練り白ごま ……………… 小さじ2
塩 ……………… 少々
くるみ（仕上げ用、ロースト） ……………… 適量

―――――――――┤ HOW TO MAKE ├―――――――――

1. かぼちゃを蒸し器に入れて、やわらかくなるまで15分ほど蒸す。
2. プロセッサーに1、くるみ、練り白ごま、塩を入れて攪拌する。
3. 器に盛りつけ、くるみを砕いて散らす。

PEANUT PASTE
〖 ピーナツペースト 〗

フードプロセッサーがあれば、簡単に作れる落花生のペースト。
ピーナツ和えとしても利用できます。

―――――――――| INGREDIENTS |―――――――――

| 落花生 | 300g | 水 | 1/2カップ（100cc） |
| 甜菜糖 | 大さじ3 | ココナツオイル | 大さじ2 |

―――――――――| HOW TO MAKE |―――――――――

1. 鍋に落花生、かぶる程度の水を入れて火にかける。
2. 沸騰したら中火にして、落花生がやわらかくなるまで15分ほど茹でる。
3. 2を湯切りする。
4. フードプロセッサーに3、甜菜糖、水、ココナツオイルを入れて数回攪拌する。
5. 器に盛りつける。

AVOCADO PASTE
〖 アボカドペースト 〗

できたてが一番のアボカドペースト。酸化、変色が早いため、
いただく直前に作ります。栄養価の高いアボカドペーストは美肌、老化防止にも。

―――――――――――――| INGREDIENTS |―――――――――――――

アボカド	2個	レモン汁	小さじ2
生カシューナッツ（水に3時間以上浸水させて		パプリカパウダー	少々
おく）	1/4カップ	塩	少々
醤油	小さじ1	イタリアンパセリ（刻む）	適量

―――――――――――――| HOW TO MAKE |―――――――――――――

1. アボカドをタテ半分に包丁で切れ目を入れ、種を取り除き、中身をスプーンでくり抜く。
2. フードプロセッサーに1、生カシューナッツ、醤油、レモン汁、パプリカパウダー、塩を入れて攪拌する。
3. 器に盛りつけ、イタリアンパセリを飾り、パプリカパウダーをふる。

ROASTED TEA SOYMILK CHAI
[ほうじ茶の豆乳チャイ]

ほうじ茶を使ったチャイは、紅茶とはまた違った香ばしい風味。
甘さは甜菜糖を増やしたり、減らしたりして調節してください。

INGREDIENTS 〈2人分〉

ほうじ茶葉	大さじ2
水	1カップ（200cc）
豆乳	1カップ（200cc）
シナモンスティック	1本
カルダモン	2～3粒
クローブ	2～3粒
甜菜糖	適量（お好みで）

HOW TO MAKE

1. 鍋に水、ほうじ茶葉を入れて火にかける。
2. 沸騰したらシナモンスティック、カルダモン、クローブ、豆乳を加えてひと煮立ちさせて、火をとめる。
3. カップに注ぎ、好みで甜菜糖を加える。

GREEN SMOOTHIE
〚 グリーンスムージー 〛

体の中をクリーニングしてくれるグリーンスムージー。
旬の野菜と果物を使ってお試しください。

――――――――― INGREDIENTS〈2人分〉―――――――――

小松菜 ……………………… 80g　　　する）………………… 1/2個（60g）
バナナ（皮をむき、すじを取り除く）1本（80g）　水 ………………… 1/2カップ（100cc）
りんご（皮をむき、芯を取り除き、4等分にカット

――――――――― HOW TO MAKE ―――――――――

1. すべての材料をスムージーマシン、またはミキサーに入れて攪拌する。
2. グラスに注ぐ。

GINGER TEA
〚 ジンジャーティー 〛

生姜は体をあたためてくれます。寒い季節の朝食は
パンとジンジャーティーで、ほっこりとした時間をどうぞ。

―――――― INGREDIENTS〈2人分〉 ――――――

しょうが（すりおろす）	1片	水	2カップ（400cc）
甜菜糖	小さじ2	レモンスライス	適量
レモン汁	小さじ2		

―――――― HOW TO MAKE ――――――

1. 鍋に水、しょうが、甜菜糖を入れて火にかける。
2. 沸騰したら弱火にして、レモン汁を加えて混ぜ、火をとめる。
3. カップに注ぎ、レモンスライスを浮かべる。

SOYBEAN FLOUR SOYMILK
〖 きなこソイミルク 〗

大豆が原料のヘルシードリンク。きなこと豆乳は相性が抜群で、クセがないので飲みやすいです。

―――――――――| INGREDIENTS〈2人分〉|―――――――――

| 豆乳 ―――――― 2カップ（400cc） | 甜菜糖 ―――――――― 大さじ1 |
| きなこ ――――――――― 大さじ1 | シナモンパウダー ――― 適量（お好みで） |

―――――――――| HOW TO MAKE |―――――――――

1. 鍋に豆乳、きなこ、甜菜糖を入れて火にかける。
2. 沸騰したら弱火にして甜菜糖を溶かし、きなこが全体に混ざるように、ヘラでかき混ぜる。
3. カップに注ぎ、シナモンパウダーをふる。

AFTERWORD

パン作りの楽しさは、計量、こね、成形などの完成までのプロセス、そして焼きたてのパンを食べることにあります。

パンは、菌が元となった生きた食べ物です。
気温や湿度によっても生地の状態が変化します。
ぜひ、パンとじっくり向き合いながら、そのときどきの状態を見て、水加減、こねの具合などの調整をしてみてください。

また、本書のレシピを好みの材料や形で応用して作ればぐんとオリジナリティ、バリエーションが広がります。
様々なシーンでパンを楽しんでいただき、生活の中に取り込んでいただけたら幸いです。

本書をお買い求めいただいたすべての皆様に感謝を込めて。
そして健康な日々を過ごされますように。
この本が世界中の人々に手に取っていただけるよう願いを込めて。

朝倉みちよ

ATELIER SANTE

朝倉みちよ

ATELIER SANTE主宰、ディレクター。天然酵母パンクラス、ヴィーガン料理クラスを開催。週末は併設店舗で天然酵母パンやヴィーガンスイーツを販売。その他、イベントなども企画開催。著書に『はじめてのマクロビオティック スイーツ-簡単でおいしい！砂糖・卵・乳製品なしのお菓子レシピ』(WAVE出版)がある。
http://www.hiyoko-bio.jp/apple1/

VEGAN BREAD
白砂糖・卵・乳製品を使わないパンづくり

2016年4月21日 初版第1刷発行

著者＝朝倉みちよ

デザイン＝林真（vond°）

写真＝よねくらりょう

撮影協力＝リト仁花

編集＝髙須香織

発行者＝柳谷行宏

発行所＝雷鳥社
〒167-0043
東京都杉並区上荻2-4-12
TEL 03-5303-9766
FAX 03-5303-9567
HP http://www.raichosha.co.jp/
E-mail info@raichosha.co.jp

郵便振替＝00110-9-97086

印刷・製本＝シナノ印刷株式会社

定価はカバーに表示してあります。
本書の写真および記事の無断転写・
複写をお断りいたします。
著者権者、出版者の権利侵害となります。
万一、乱丁・落丁がありました場合はお取り替えいたします。

©Michiyo Asakura / Raichosha
2016 Printed in Japan.
ISBN978-4-8441-3696-5 C0077